레몬으로 돈 버는 법

레몬으로 돈 버는 법 ❶

어린이가 배우는 경제 개념과 시장 경제 원리

루이스 암스트롱 글 · 빌 바소 그림
장미란 옮김

 비룡소

이것은 레몬이야. 레몬을 짜서 즙을 낸 다음, 거기에 물과 설탕을 섞으면 **레모네이드**가 되지.

레몬과 물과 설탕을 **원료**라고 해.

조니가 레모네이드 한 잔에 얼마냐고 물었어.
내가 2,500원이라고 대답하면,
2,500원이 나의 레모네이드 **가격**이야.

조니가 돈을 내면, 나는 레모네이드를 **판매**한 거야.

이 때 조니를 **소비자**라고 하고,
레모네이드를 **제품**이라고 해.

더 많은 친구들이 레모네이드를 사 먹으러 왔어.
하지만 다들 2,500원이 너무 비싸다고 2,000원만 내겠다고 하면,
2,000원이 레모네이드의 **시장 가격**이 되는 거야.

내가 레모네이드 가게를 차리면, 그건 나의 **회사**라고 할 수 있어.

내 회사는 소비자한테 직접 물건을 파는 **소매상**이야.

만약 내가 레모네이드를 만들어서
다른 아이들의 가게에 갖다 팔면 내 회사는 **도매상**이 되지.

나는 **이윤**을 얻기 위해 회사를 만들었어.
레모네이드를 팔고 돈이 남아야 이윤이 생겨.
그러니까 레몬과 설탕과 컵을 사고 가게를 꾸미는 데에 쓴 돈보다
손님들이 레모네이드 값으로 낸 돈이 더 많기를 바라지.

내가 가게를 차리는 데에 쓴 돈을 **초기 투자금**이라고 해.

그 돈이 내 용돈에서 나왔으면, 그건 **자기 자본금**이라고 해.

다른 사람한테 빌렸으면, **대출금**이라고 하고.
나중에 갚아야 하는 돈이지.

나는 조니에게 레몬즙을 짜라고 했어.

그러면 조니는 **노동자**고, 나는 **경영자**야.

내가 조니한테 주는 돈은 **임금**이라고 하지.

열심히 레몬즙을 짰는데도
임금이 너무 적다고 조니가 불평을 하면,
노동 쟁의가 일어나.

조니가 일을 하지 않고,
사람들에게 내가 임금을 충분히 주지 않았다고
알리는 것을 **파업**이라고 해.

조니가 아이들한테 내 가게에서
레모네이드를 사 먹지 말라고 한다면,
그건 **불매 운동**이지.

내가 조니한테 대화를 하자고 하면, **조정**에 들어간 거야.

조니도 이야기를 하겠다고 하면, **협상**이 시작되는 거지.

하지만 조니가 화가 나서
내 머리에 레모네이드를 부어 버리고
더 이상 이야기를 하지 않겠다고 하면,
협상이 **결렬**된 거야.

그렇게 되면 누군가 다른 사람한테 부탁해서
문제를 해결할 수밖에 없어.
조니도 그렇게 하겠다고 하면 **중재**가 시작되지.

조니가 즙 짜는 기계를 사 줘야 다시 일하겠다고 말한다면,
그것은 조니의 **협상 조건**이야.

내가 새 기계를 사지 않고 중고 기계를 사겠다고 하면,
그것은 나의 **타협안**이지.

그런데 즙 짜는 기계를 사들이면 **기계화**가 이루어지는 거야.

기계가 레몬즙을 짜면, 조니는 더 이상 필요 없게 되지.
레몬즙 짜는 일이 **자동화**된 거야.

그러자 조니는 일자리를 잃고 **실업자**가 되었어.

화가 난 조니가 레모네이드 가게를 차리면,
조니는 나의 **경쟁 상대**가 되는 거야.

그러니까 내 가게에 오던 손님들이
조니네 가게에서 레모네이드를 사 먹을 수도 있다는 이야기야.
조니가 레모네이드를 내 가게보다 싸게 팔면,
그러니까 **할인 판매**를 하면
조니네 가게에서 사 먹는 손님이 더욱더 늘어나겠지.

어쩔 수 없이 나도 레모네이드 가격을 내리게 돼.
가격 경쟁을 하게 되는 거지.

이런 상황을 **가격 전쟁**이라고 해.

그러면 레모네이드를 팔아서 버는 돈이 줄어들어.
이윤이 **감소**하는 거지.

그래서 나와 조니가 가게를 합쳐서 같이 하기로 하면, 바로 그게 **합병**이야.

내가 만약 여름도 끝나서 아무도 레모네이드를
사 먹지 않을 거라고 생각한다면,
자산 유동화를 해야겠지.

나의 **자산**은 내가 벌어들인
이윤과 설탕, 레몬, 즙 짜는 기계, 컵, 가게를 모두 다 말해.
유동화란 그런 것들을 파는 거지.

대출금을 갚고도 돈이 남는다면, 나는 **성공한 기업가**야.

돈이 남았으니까,
언제든지 **이용할 수 있는 자본금**이 있어.

성공한 기업가라서 **신용도 좋아**.
새로 대출을 받을 수 있지.

멋진 **휴가**도 즐길 수 있을 거야.

글쓴이 **루이스 암스트롱**
광고 일을 하면서 서평이나 잡지 기사를 쓰고 그림도 그리는 등
다양한 분야에서 활동한 재능과 열정이 넘치는 작가였다.
『레몬으로 돈 버는 법 1』은 『우당탕! 쿵쾅! 쿵! 소리의 비밀』에 뒤이어
내놓은 두 번째 작품으로 그녀의 쌍둥이 아들, 알렉시와 노아를 위해 쓴 것이다.
지은 책으로 『레몬으로 돈 버는 법 2』, 『전쟁을 평화로 바꾸는 방법』 등이 있다.

그린이 **빌 바소**
미국의 대표적인 일간 신문 《뉴욕 타임스》, 미국의 남성 패션 잡지
《에스콰이어》, 미국의 어린이 잡지 《세서미 스트리트 매거진》 등에서
작품을 발표하였다. 아내 마리와 세 명의 자녀들인 빌리, 제임스, 마리
모두 그림 그리는 일을 하고 있다. 현재 미국 뉴저지주에 살면서 취미 생활로
정원의 동물들과 새들을 관찰하거나 정원을 가꾸는 일을 한다.

옮긴이 **장미란**
1971년 전남 목포에서 태어나 고려대학교 영어교육학과를 졸업했다.
현재 어린이책 번역가로 활동하고 있다. 옮긴 책으로 『크릭터』,
『미술관에 간 윌리』, 『내 친구가 마녀래요』, 『터널』 등이 있다.

레몬으로 돈 버는 법—❶

1판 1쇄 펴냄—2002년 4월 15일, 1판 44쇄 펴냄—2025년 2월 10일
글쓴이 루이스 암스트롱 그린이 빌 바소 옮긴이 장미란 펴낸이 박상희
펴낸곳 (주)비룡소 출판등록 1994. 3. 17.(제16-849호)
주소 06027 서울시 강남구 도산대로1길 62 강남출판문화센터 4층
전화 02)515-2000 팩스 02)515-2007 홈페이지 www.bir.co.kr
제품명 어린이용 각양장 도서 제조자명 (주)비룡소 제조국명 대한민국 사용연령 3세 이상

HOW TO TURN LEMONS INTO MONEY by Louise Armstrong and illustrated by Bill Basso
Text copyright ⓒ 1976 by Louise Armstrong
Illustrations copyright ⓒ 1976 by Bill Basso
All rights reserved.

Korean Translation Copyright ⓒ 2002 by BIR Publishing Co., Ltd.
Korean translation edition is published by arrangement Houghton Mifflin Harcourt Publishing Co.
through KCC(Korea Copyright Center Inc.), Seoul.

이 책의 한국어판 저작권은 ㈜한국저작권센터(KCC)를 통해
Houghton Mifflin Harcourt Publishing Co.와 독점 계약한 (주)비룡소에 있습니다.
저작권법에 의해 한국 내에서 보호를 받는 저작물이므로 무단 전재와 무단 복제를 금합니다.

ISBN 978-89-491-7053-4 74840/ ISBN 978-89-491-8211-7(세트)

지식 다다익선 시리즈

❸ **티나와 오케스트라**
마르코 짐자 글 · 빈프리트 오프게누르트 그림 / 최경은 옮김

❹ **티나와 피아노**
마르코 짐자 글 · 빈프리트 오프게누르트 그림 / 배정희 옮김

❻ **해저 지도를 만든 과학자, 마리 타프**
로버트 버레이 글 · 라울 콜론 그림 / 김은하 옮김

❼ **레몬으로 돈 버는 법 1**
루이스 암스트롱 글 · 빌 바소 그림 / 장미란 옮김

❽ **레몬으로 돈 버는 법 2**
루이스 암스트롱 글 · 빌 바소 그림 / 장미란 옮김

❿ **뿌지직! – 그거 알아? 사람들이 어떻게 똥을 누며 살았는지!**
채리즈 메러클 하퍼 글 · 그림 / 이원경 옮김

⓫ **나는 평화를 꿈꿔요**
유니세프 엮음 / 김영무 옮김

⓭ **동물 나라의 디자이너 여우**
이미영 글 · 그림

⓮ **발명가 매티 – 종이 봉지 기계를 만든 여자 발명가 매티 나이트 이야기**
에밀리 아널드 맥컬리 글 · 그림 / 김고연주 옮김

⓲ **토끼와 거북이의 세계 일주**
셜리 글레이저 글 · 밀턴 글레이저 그림 / 박정석 옮김

⓳ **자연재해로부터 탈출하라!**
최영준 글 · 민은정 그림

㉑ **엄마 등에 업혀서**
에머리 버나드 글 · 더가 버나드 그림 / 박희원 옮김

㉒ **남극에서 온 편지 – 우리 삼촌은 세종 기지에 있어요**
한정기 글 · 유기훈 그림

㉘ **소원을 말해 봐 – 꿈이 담긴 그림, 민화**
김소연 글 · 이승원 그림

㉝ **제비 따라 강남 여행 – 제비의 눈으로 본 아시아 지리 문화 이야기**
신현수 글 · 이영림 그림

㉟ **안녕, 여긴 열대 바다야 – 해양 체험 삼총사, 남태평양으로 가다**
한정기 글 · 서영아 그림 / 박흥식 감수

㊲ **할머니 제삿날**
이춘희 글 · 김홍모 그림

㊳ **민주주의가 뭐예요?**
박윤경 글 · 송효정 그림

㊴ **조선 선비 유길준의 세계 여행**
이훈 글 · 조원희 그림

㊷ **스티브 잡스 – 세상을 바꾼 상상력과 창의성의 아이콘**
남경완 글 · 안희건 그림

㊸ **금동이네 김장 잔치**
유타루 글 · 임광희 그림

㊹ **불똥맨, 불이 나면 어떡하죠? – 어린이가 꼭 알아야 할 화재 안전 이야기**
에드워드 밀러 글 · 그림 / 노은정 옮김

㊺ **지구가 더워지면 북극곰은 어떡해요?**
캐럴라인 아널드 글 · 제이미 호건 그림 / 윤소영 옮김

㊽ **평화는 무슨 맛일까?**
블라디미르 라둔스키 글 · 그림 / 최재숙 옮김

㊿ **빨간 날이 제일 좋아! – 국경일을 통해 본 우리나라의 역사와 문화**
김중렬 글 · 이경석 그림

㉛ **촌수 박사 달찬이 – 우리 가족의 촌수와 호칭을 알아볼까?**
유타루 글 · 송효정 그림

㉜ **안녕, 여긴 천문대야!**
이지유 글 · 조원희 그림

★ 계속 출간됩니다.